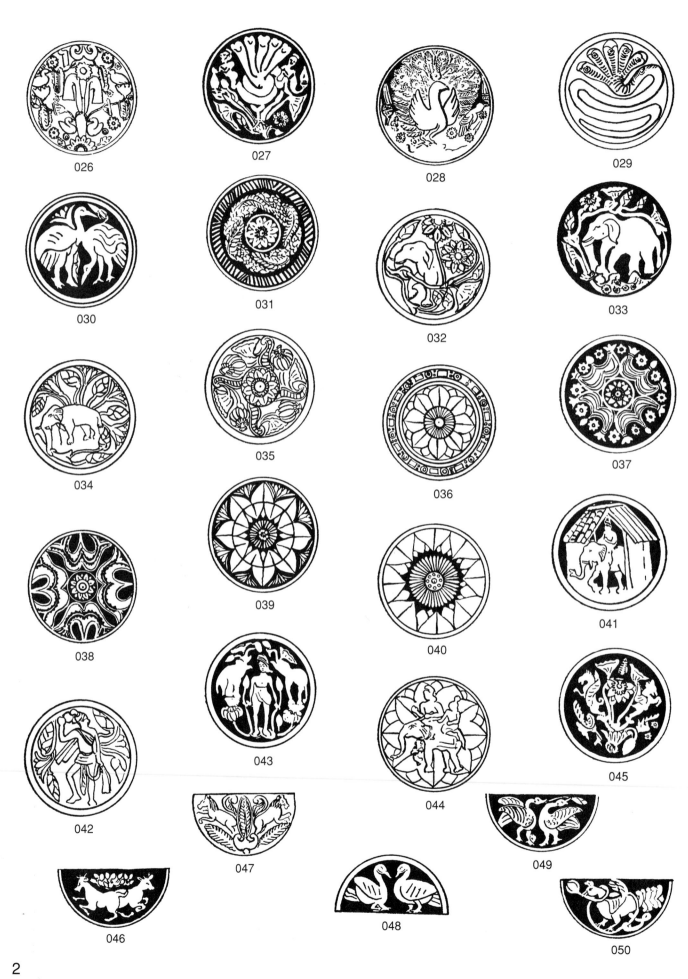

026

027

028

029

030

031

032

033

034

035

036

037

038

039

040

041

042

043

044

045

046

047

048

049

050

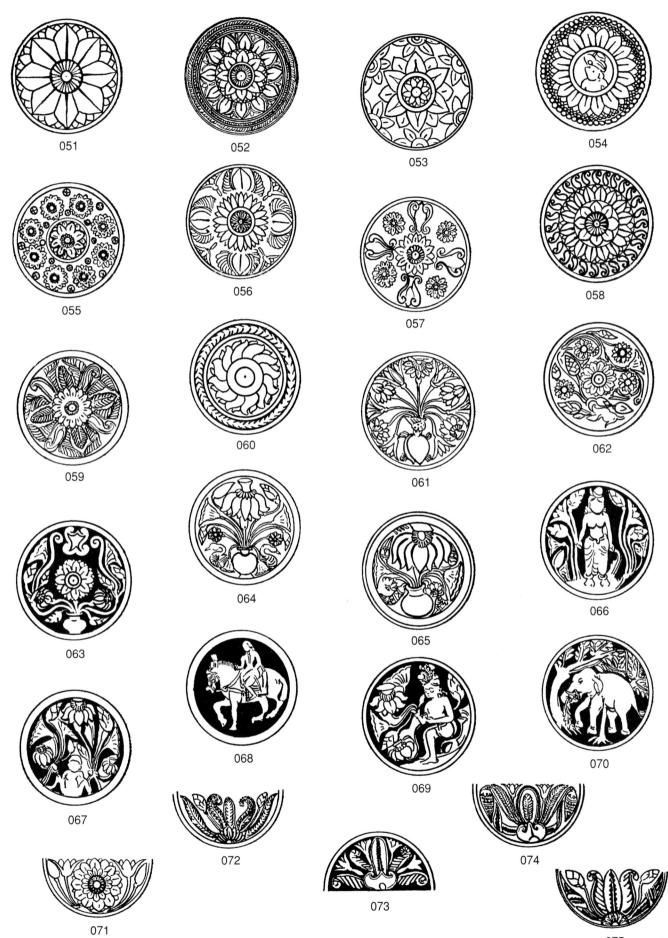

051

052

053

054

055

056

057

058

059

060

061

062

063

064

065

066

067

068

069

070

071

072

073

074

075

3

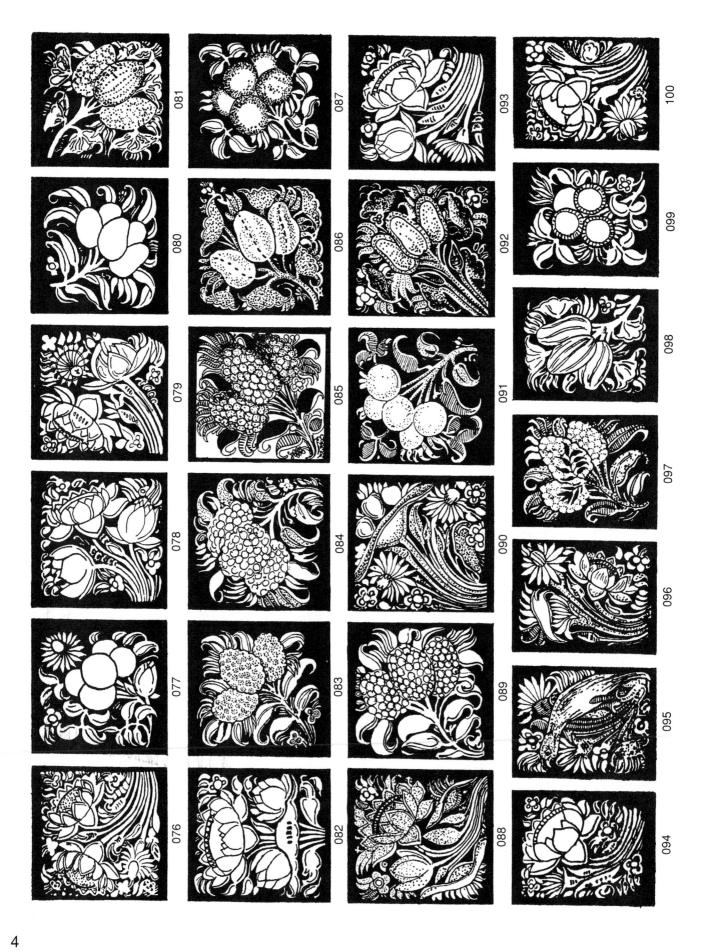

081 087 093 100
080 086 092 099
079 085 091 098
078 084 090 097
077 083 089 096
076 082 088 095 094

4

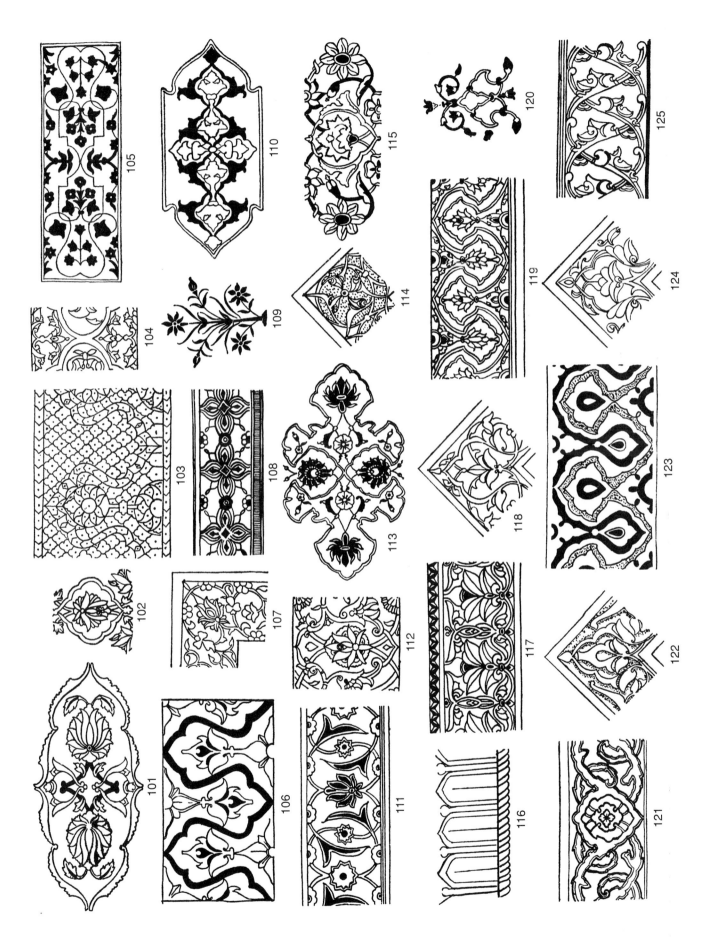

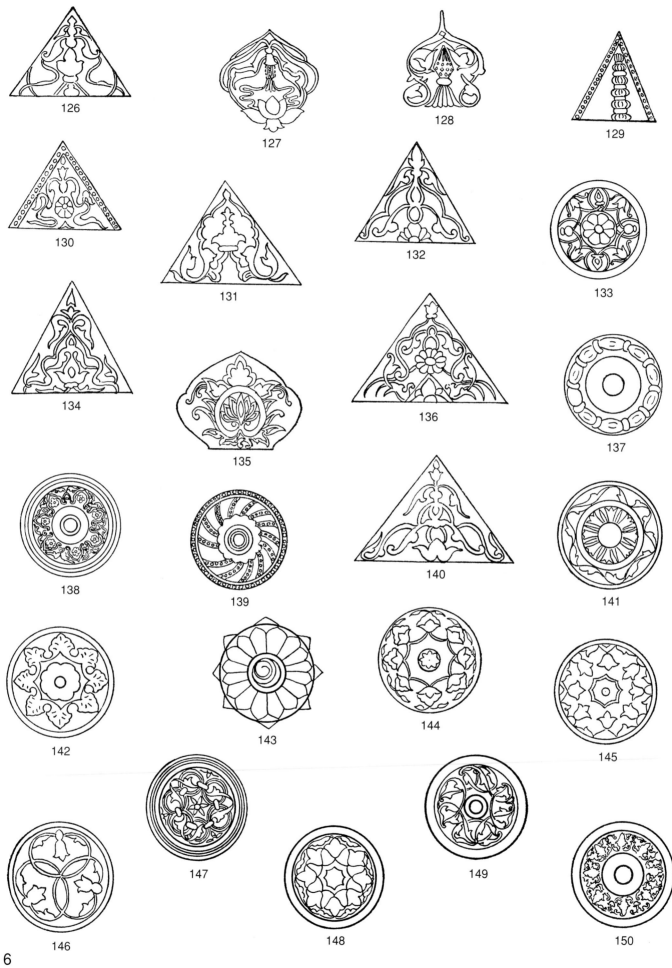

126

127

128

129

130

131

132

133

134

135

136

137

138

139

140

141

142

143

144

145

146

147

148

149

150

6

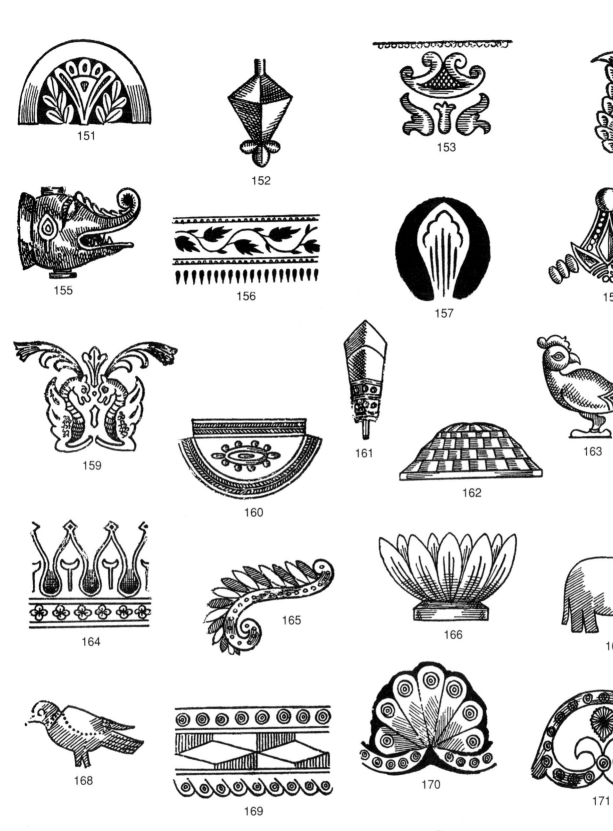

151

152

153

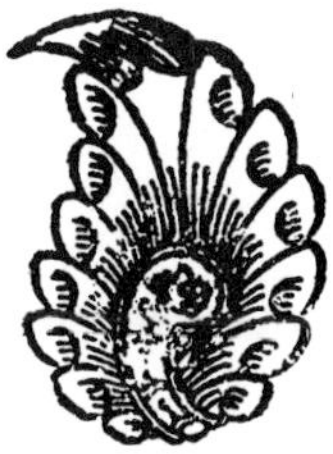

154

155

156

157

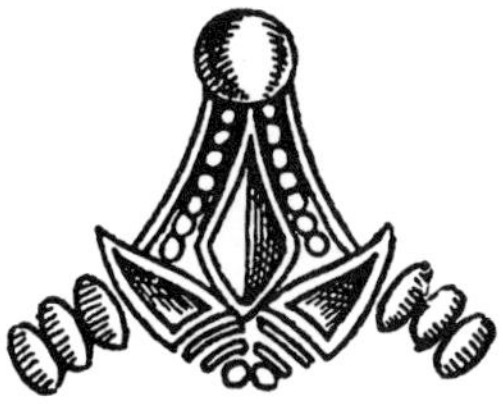

158

159

160

161

162

163

164

165

166

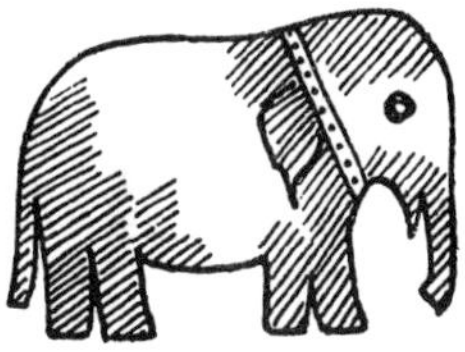

167

168

169

170

171

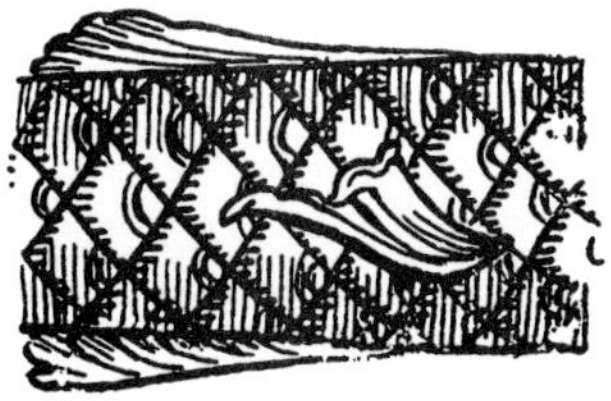

172

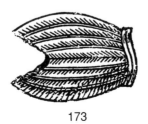

173

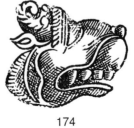

174

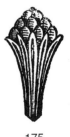

175

7

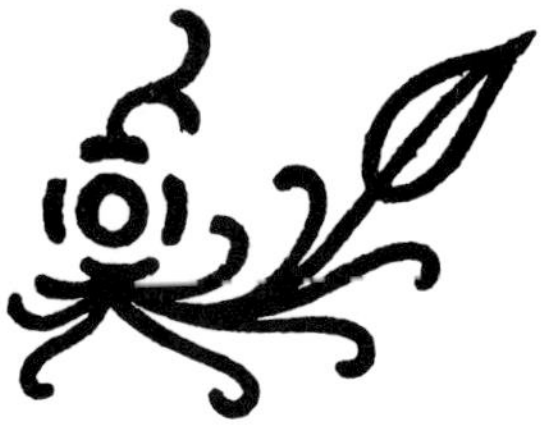

176

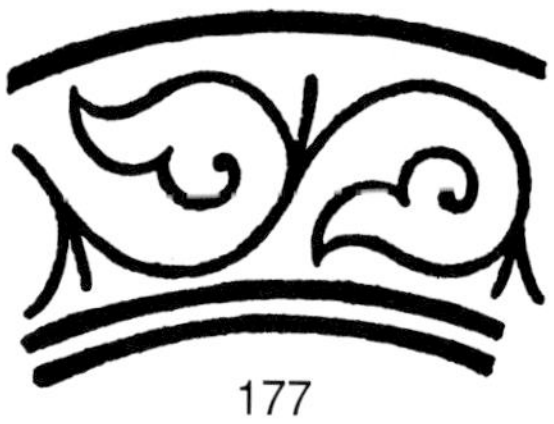

177

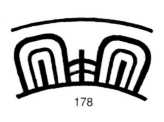

178

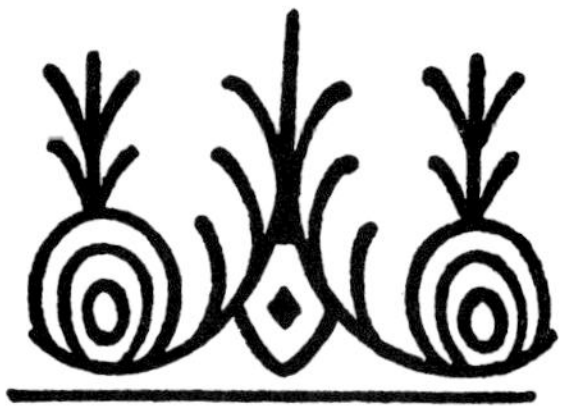

179

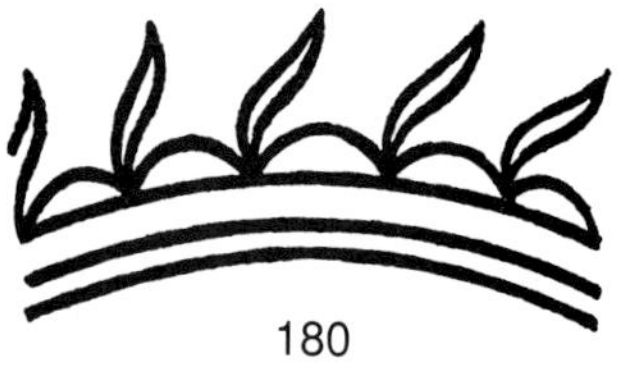

180

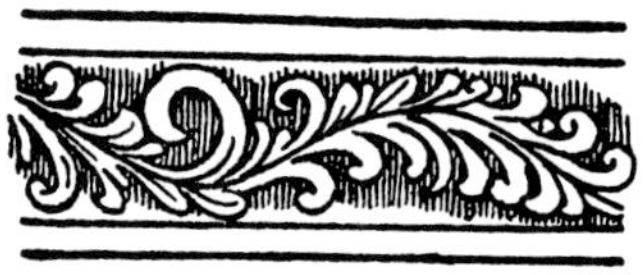

181

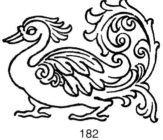

182

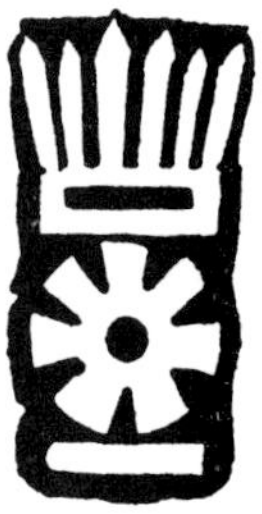

183

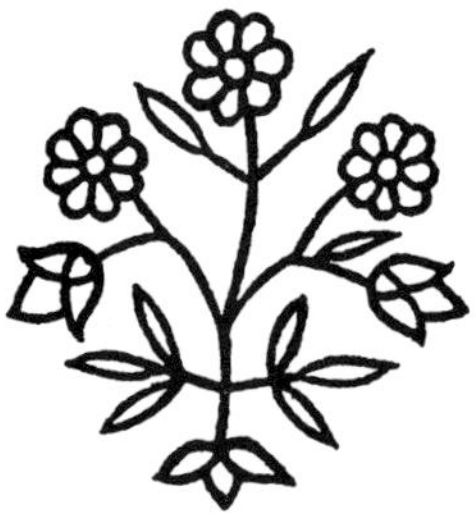

184

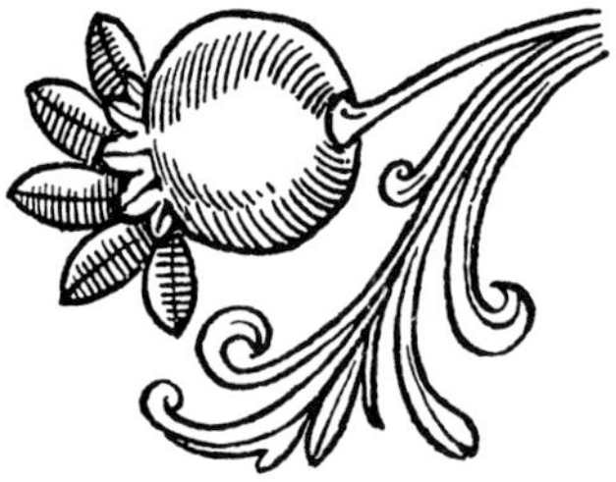

185

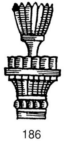

186

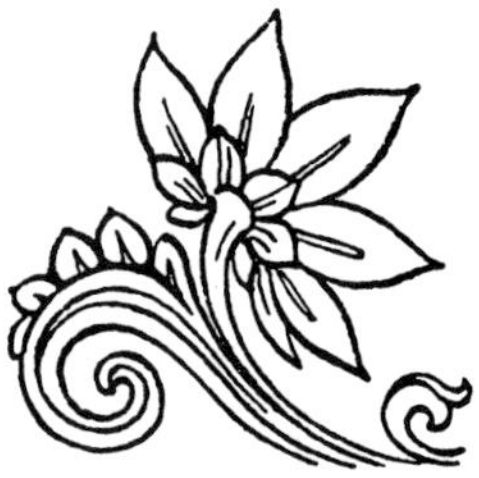

187

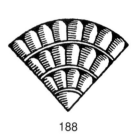

188

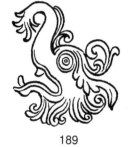

189

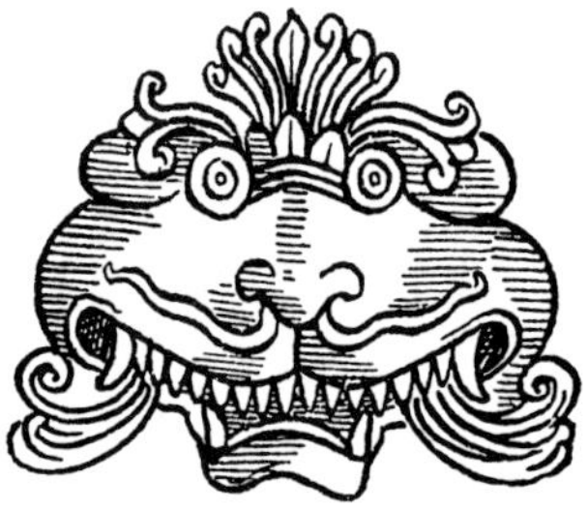

190

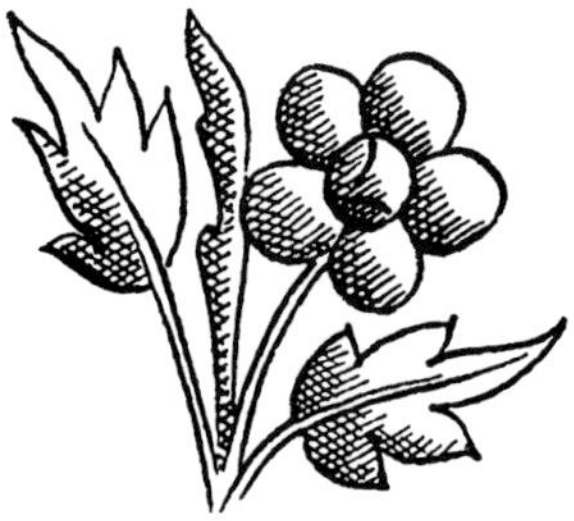

191

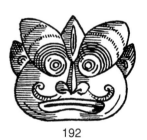

192

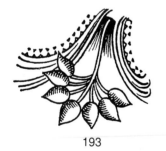

193

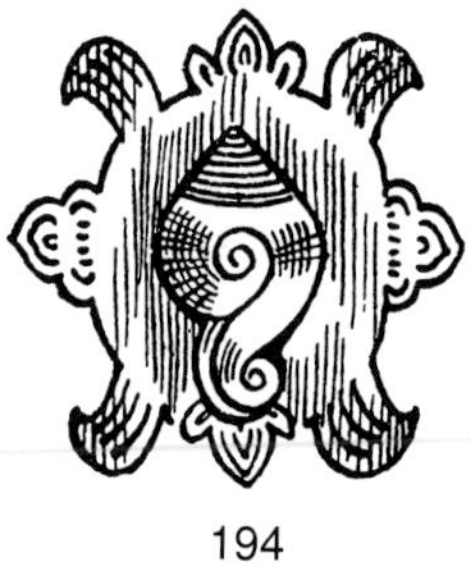

194

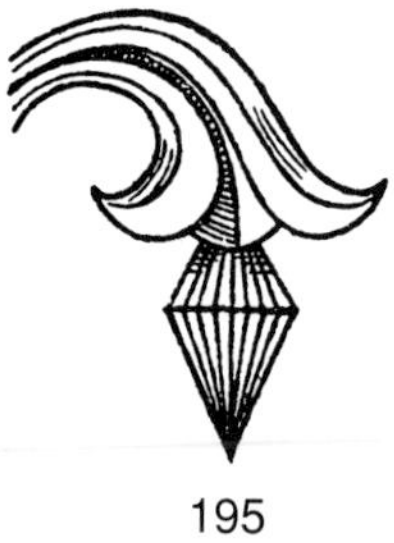

195

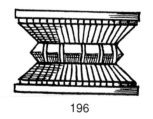

196

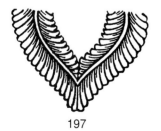

197

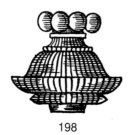

198

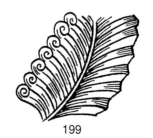

199

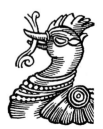

200

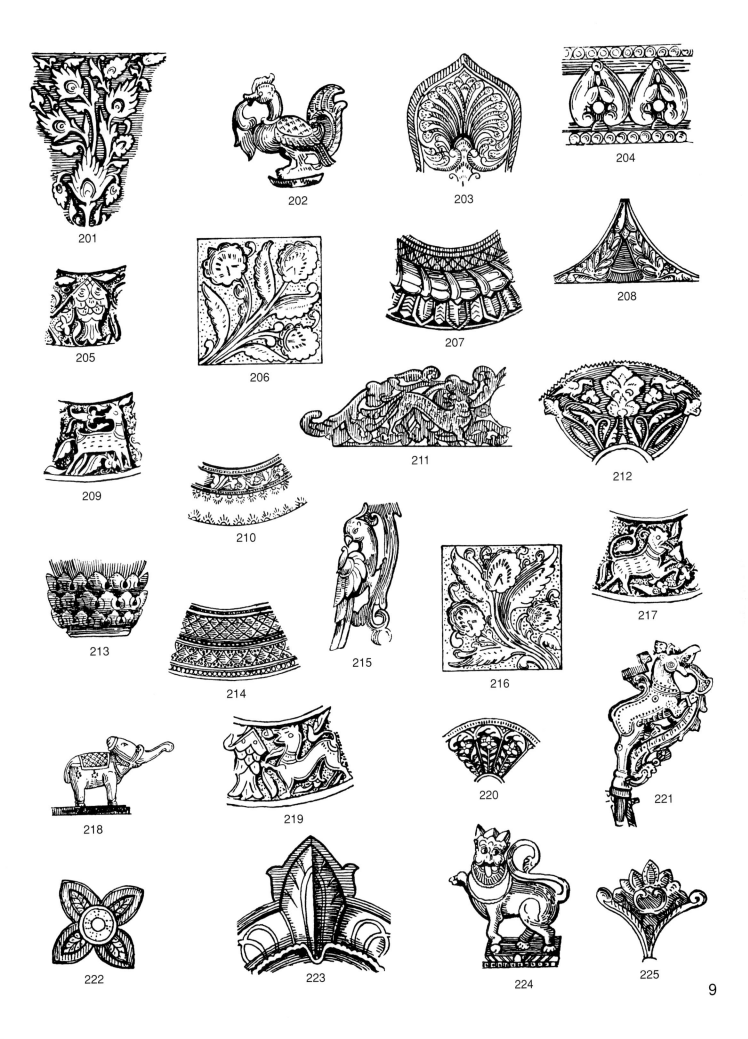

201

202

203

204

205

206

207

208

209

210

211

212

213

214

215

216

217

218

219

220

221

222

223

224

225

9

226 227 228 229 230 231 232 233 234 235 236 237 238 239 240 241 242 243 244 245 246 247 248 249 250

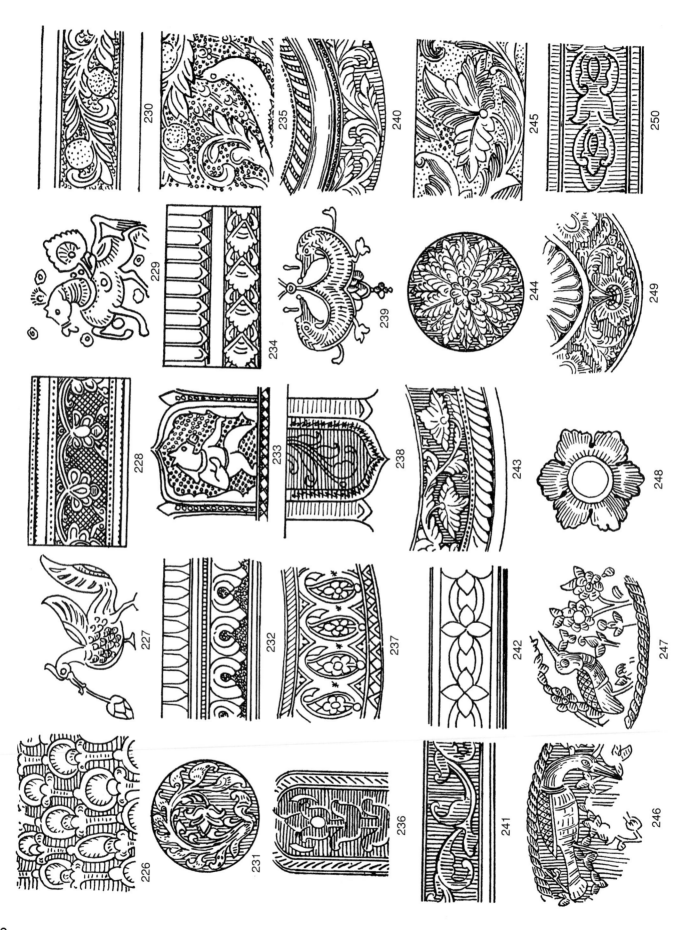

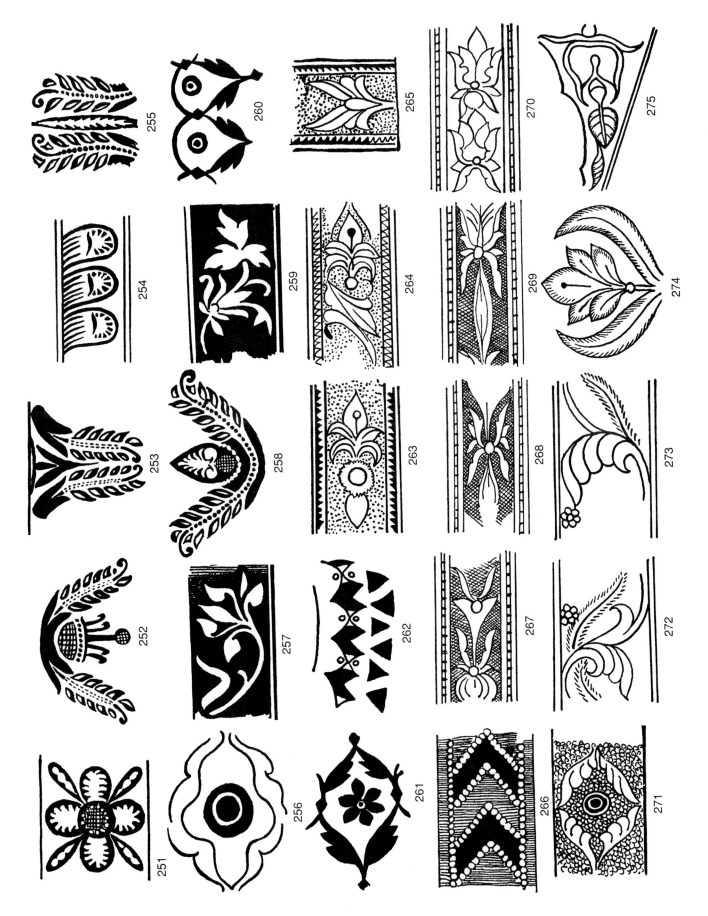

251 252 253 254 255 256 257 258 259 260 261 262 263 264 265 266 267 268 269 270 271 272 273 274 275

11

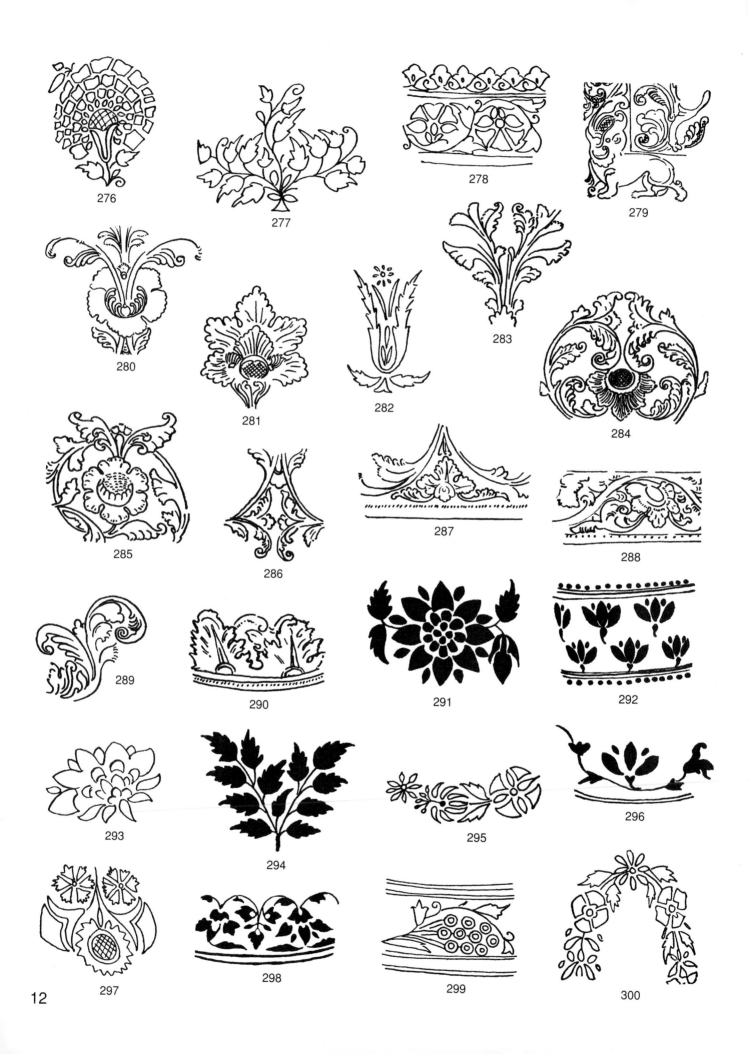

276

277

278

279

280

281

282

283

284

285

286

287

288

289

290

291

292

293

294

295

296

297

298

299

300

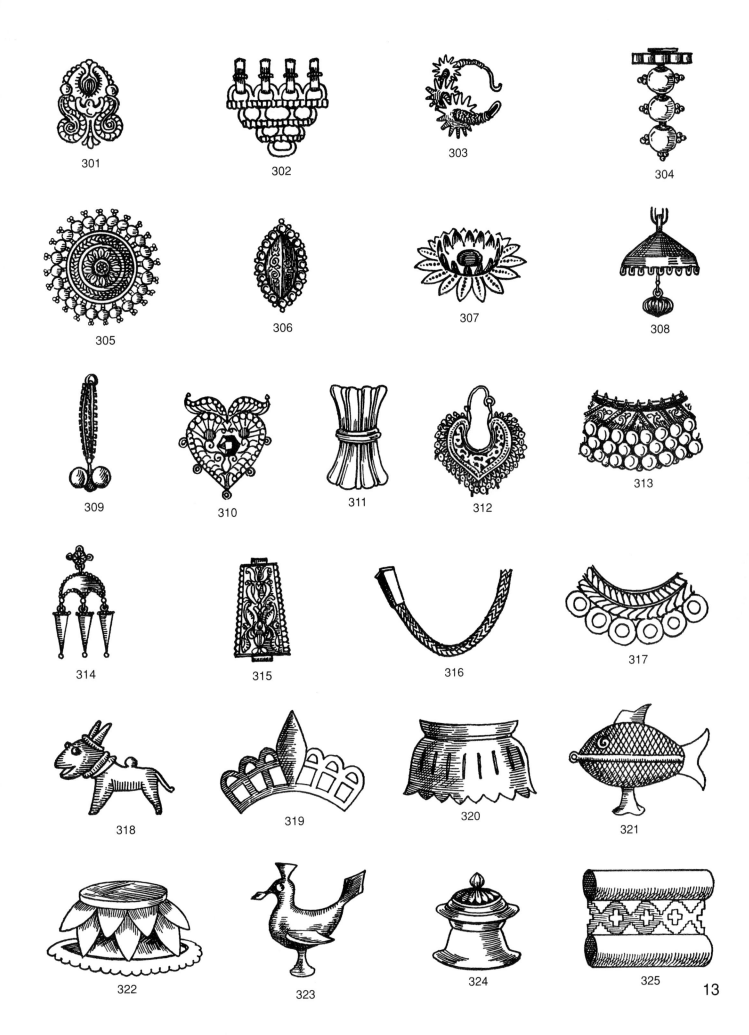

301

302

303

304

305

306

307

308

309

310

311

312

313

314

315

316

317

318

319

320

321

322

323

324

325

13

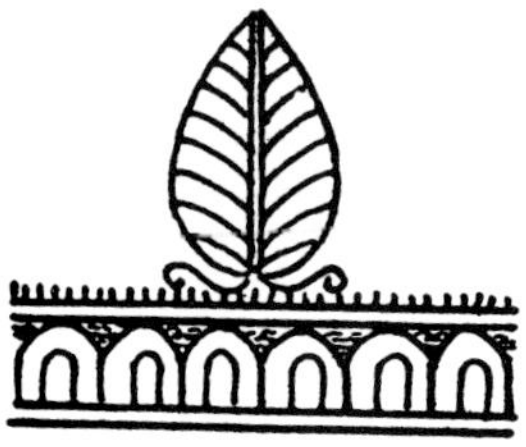

326

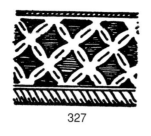

327

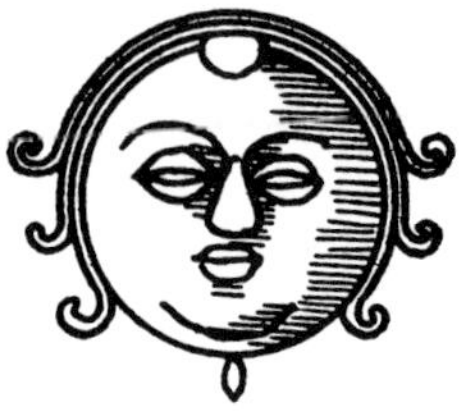

328

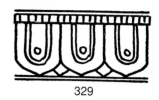

329

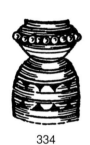

330

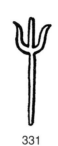

331

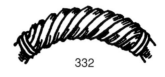

332

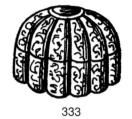

333

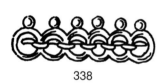

334

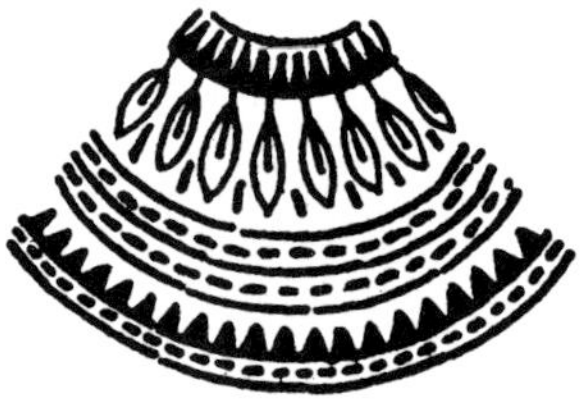

335

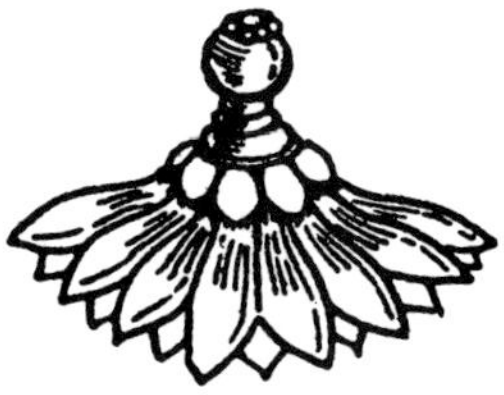

336

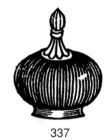

337

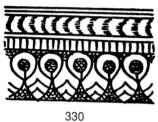

338

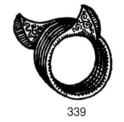

339

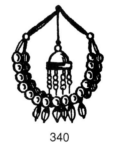

340

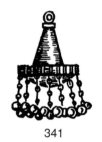

341

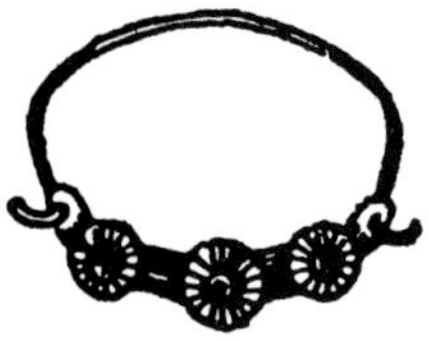

342

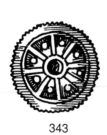

343

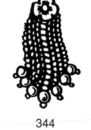

344

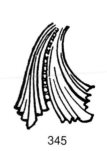

345

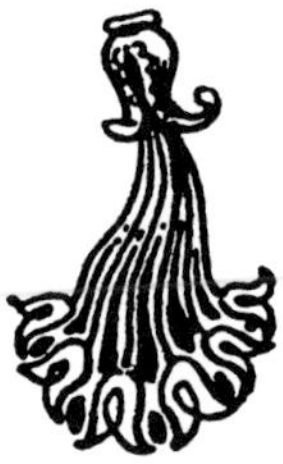

346

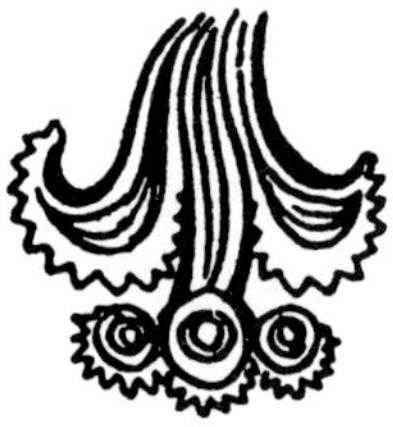

347

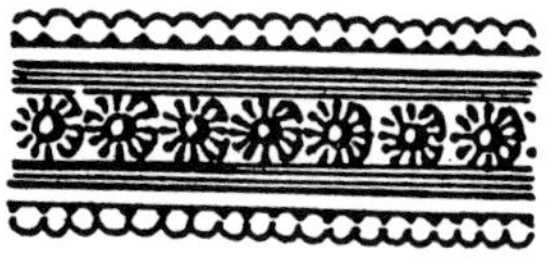

348

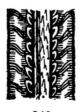

349

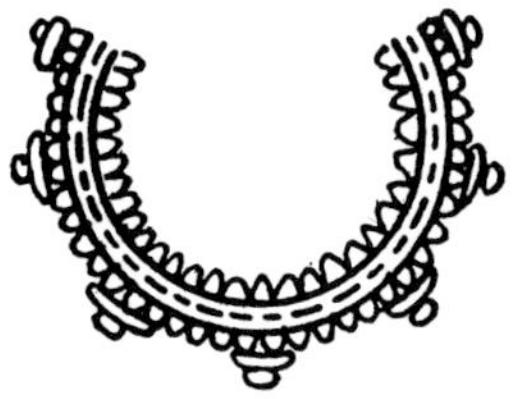

350

14

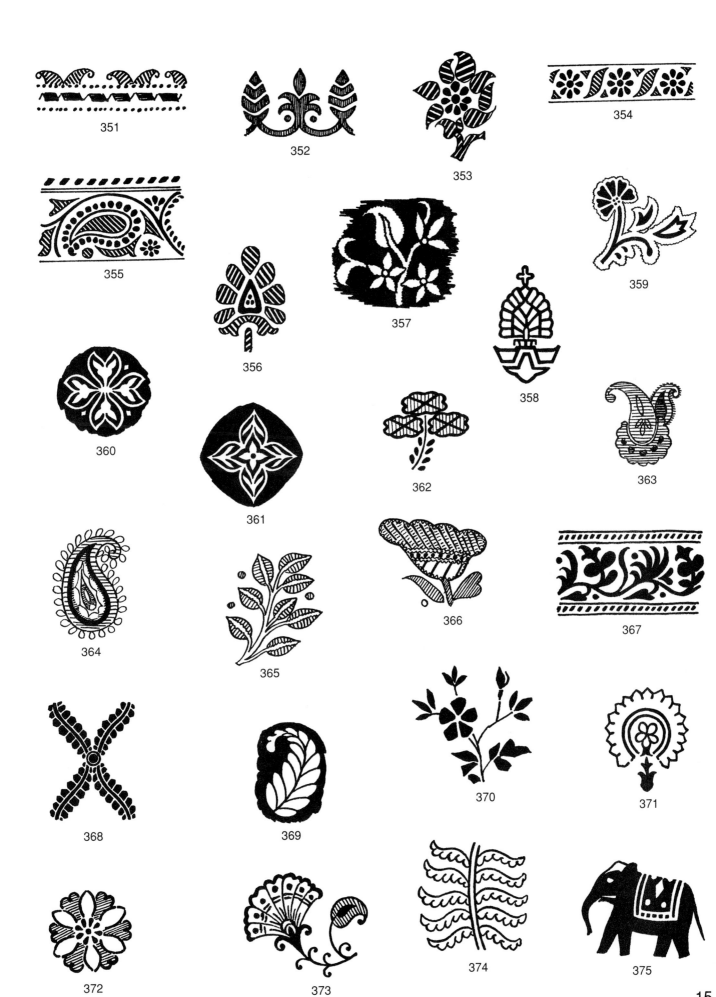

351

352

353

354

355

356

357

358

359

360

361

362

363

364

365

366

367

368

369

370

371

372

373

374

375

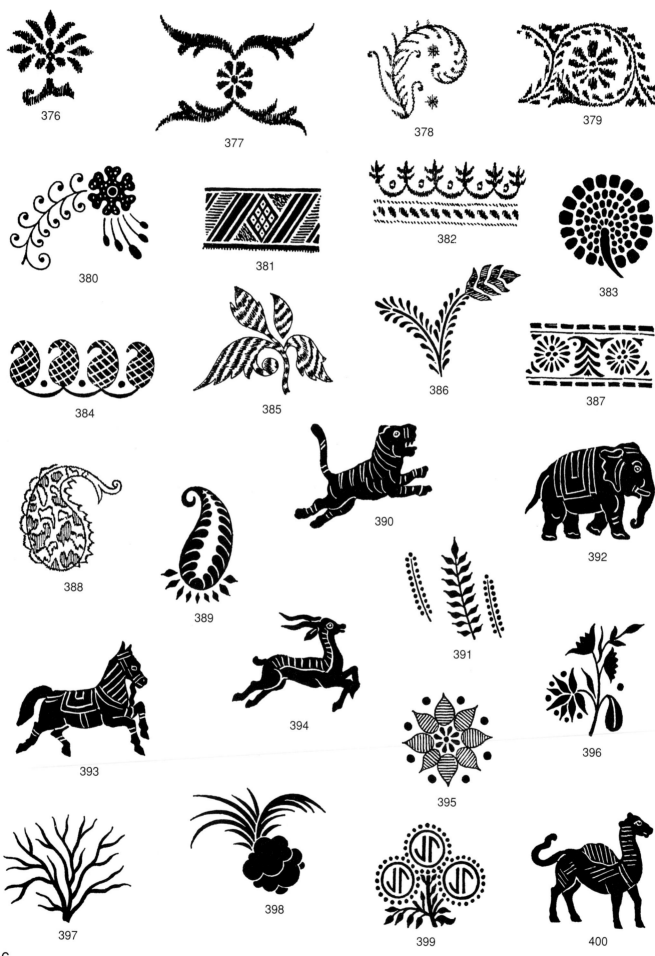

376

377

378

379

380

381

382

383

384

385

386

387

388

389

390

391

392

393

394

395

396

397

398

399

400

16

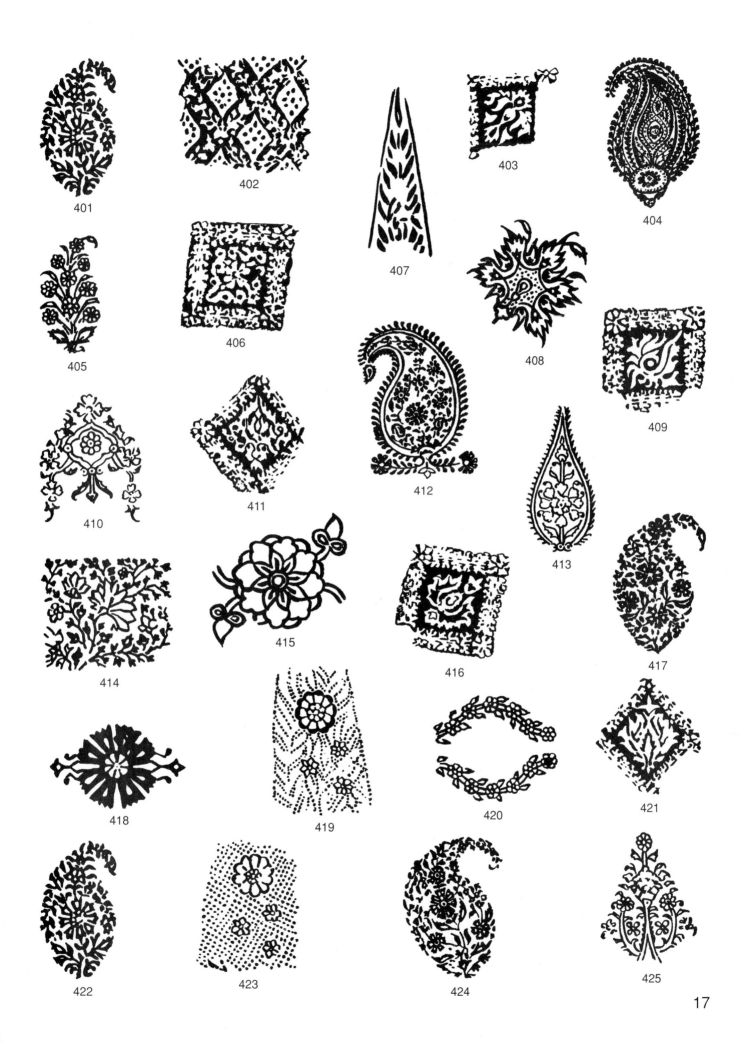

401

402

403

404

405

406

407

408

409

410

411

412

413

414

415

416

417

418

419

420

421

422

423

424

425

17

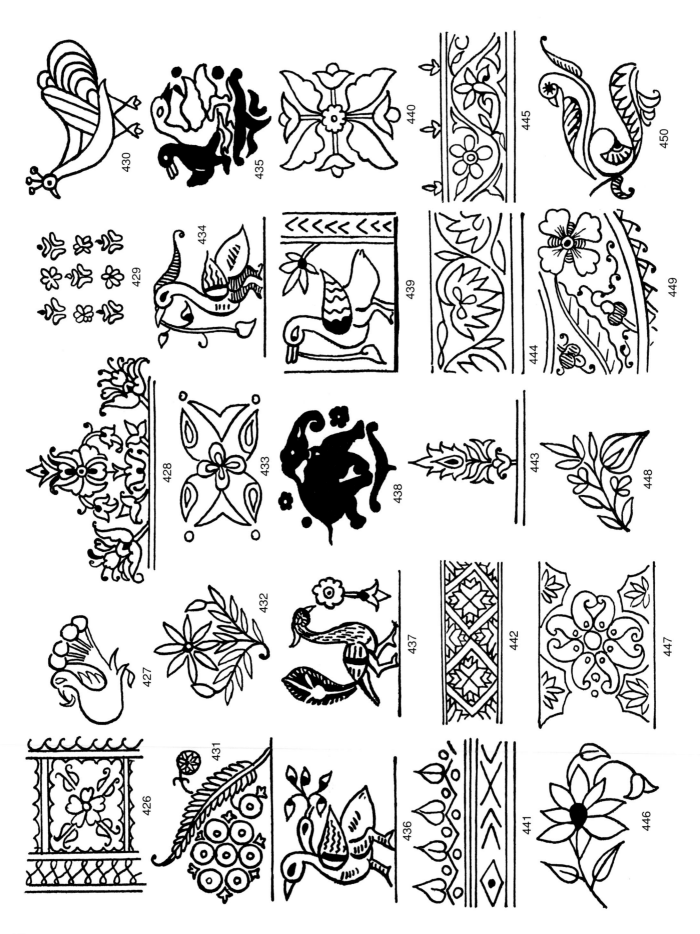

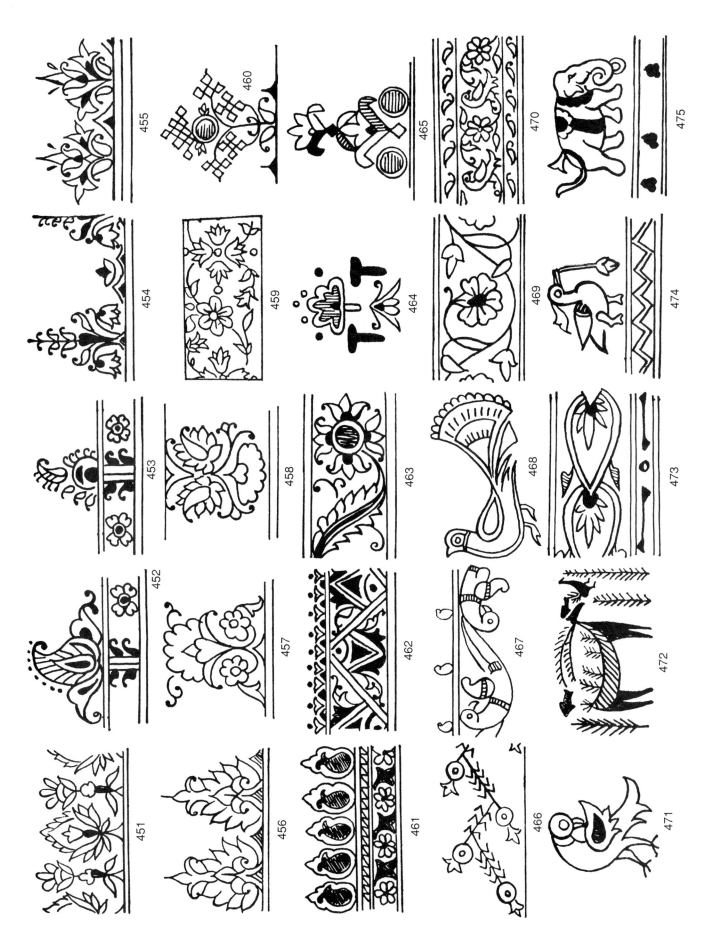

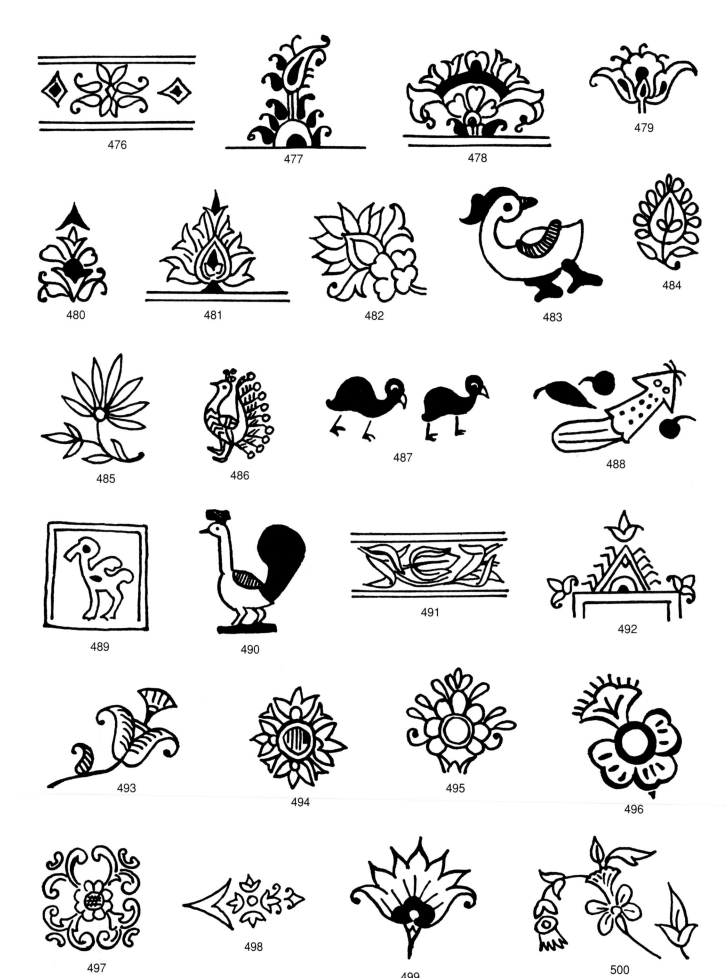

476

477

478

479

480

481

482

483

484

485

486

487

488

489

490

491

492

493

494

495

496

497

498

499

500

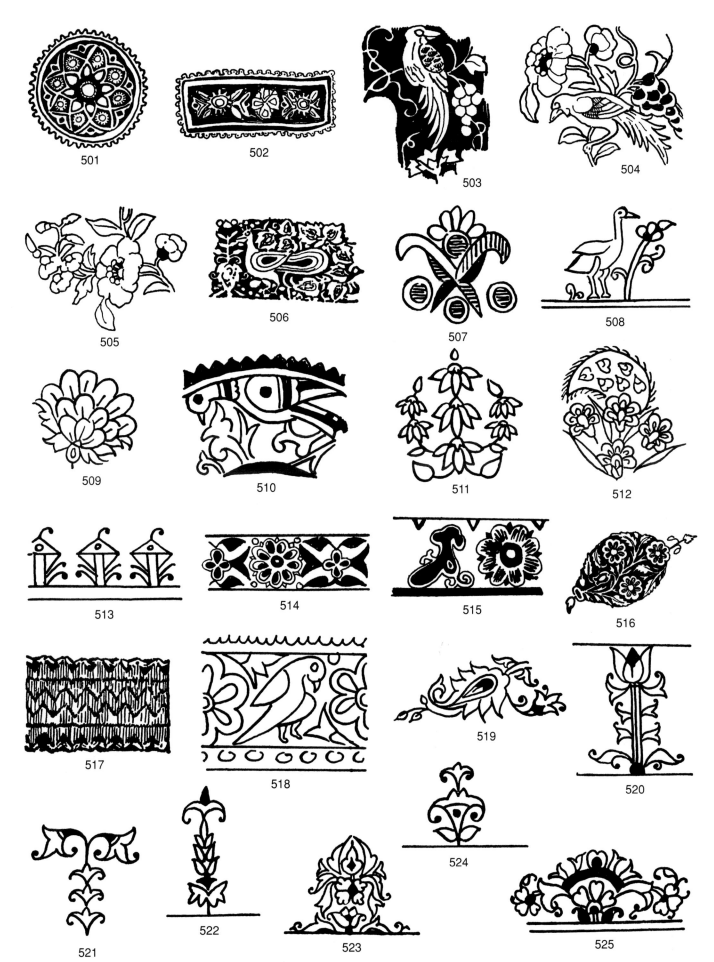

501

502

503

504

505

506

507

508

509

510

511

512

513

514

515

516

517

518

519

520

521

522

523

524

525

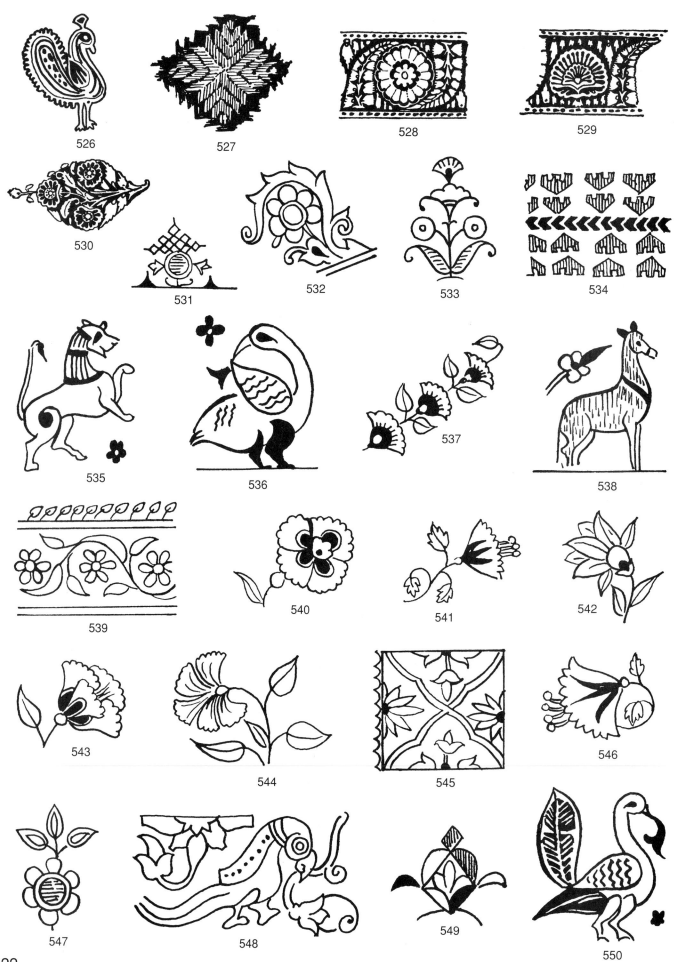

526

527

528

529

530

531

532

533

534

535

536

537

538

539

540

541

542

543

544

545

546

547

548

549

550

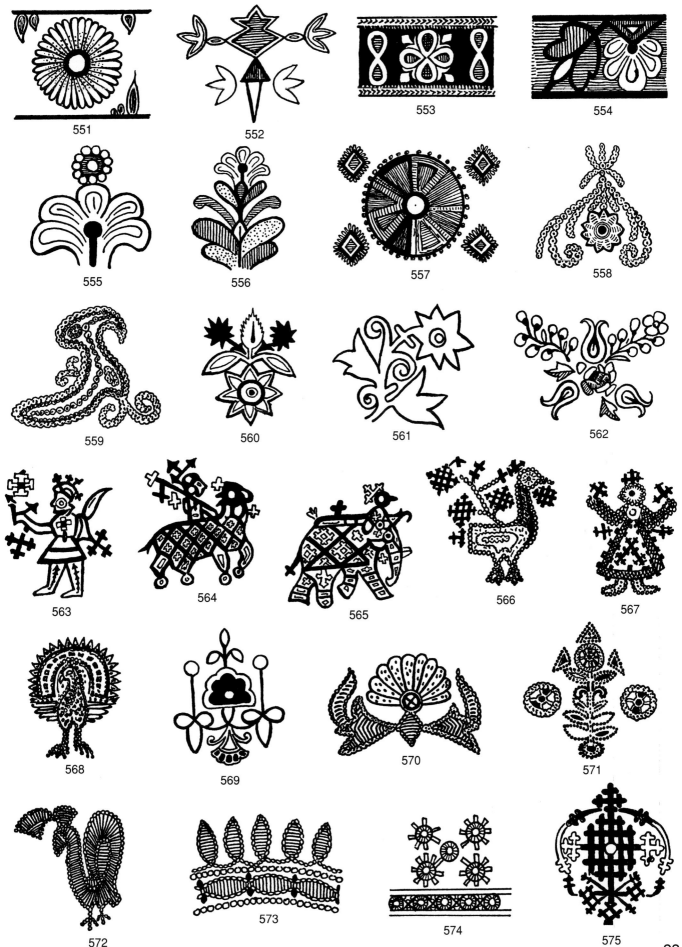

551

552

553

554

555

556

557

558

559

560

561

562

563

564

565

566

567

568

569

570

571

572

573

574

575

23

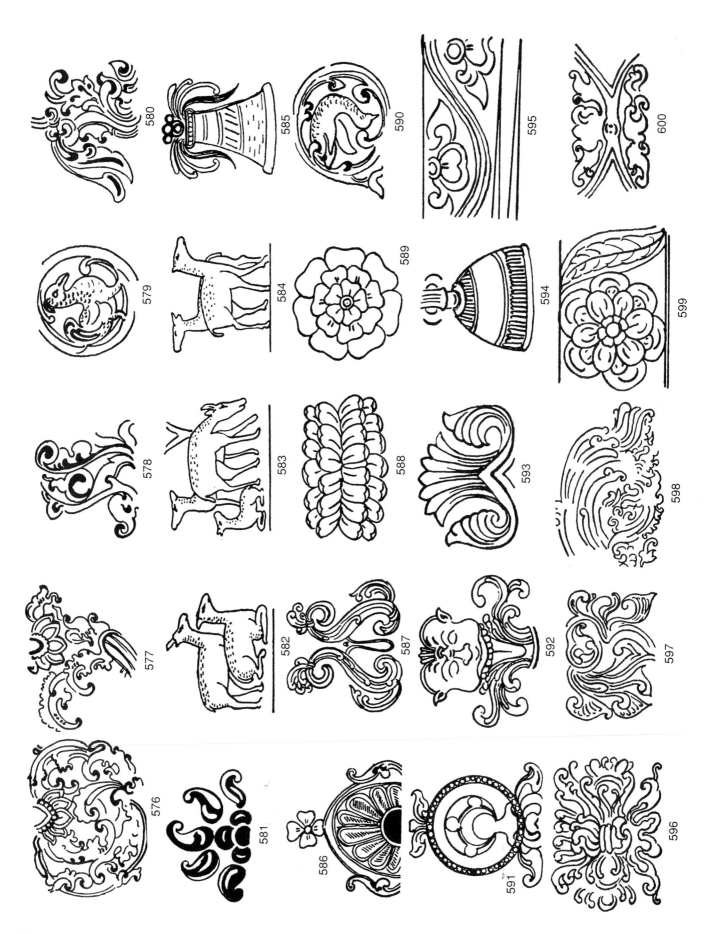

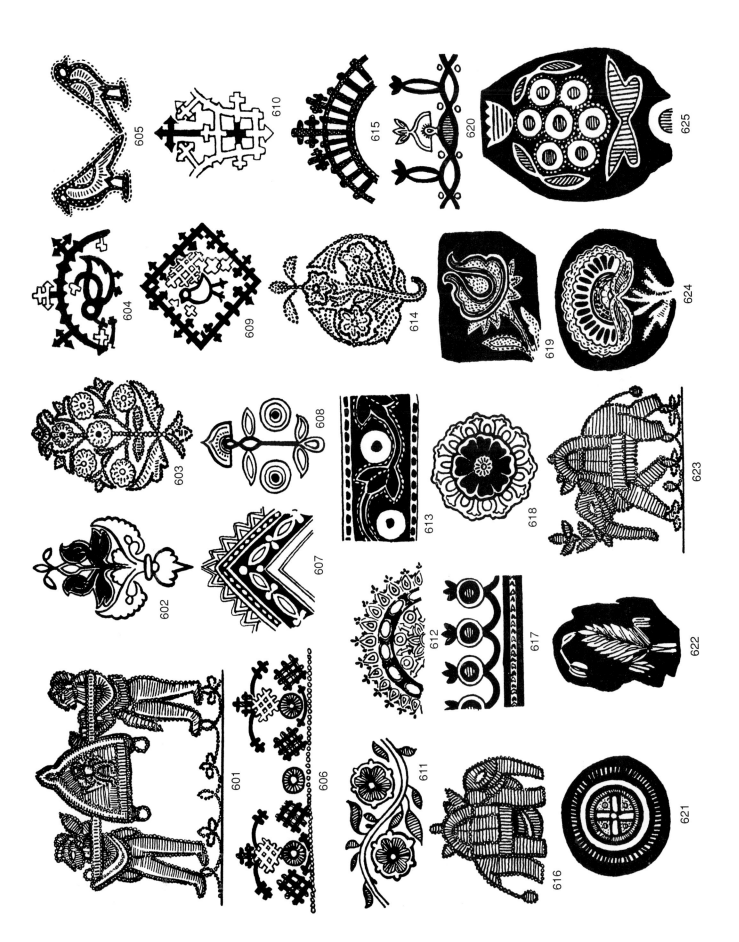

605
610
615
620
625
604
609
614
619
624
603
608
613
618
623
602
607
612
617
622
601
606
611
616
621

25

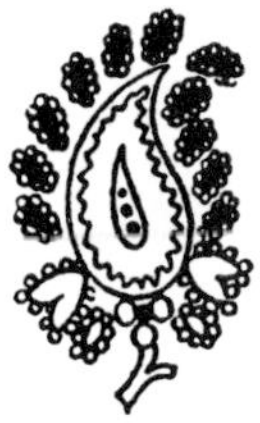

626

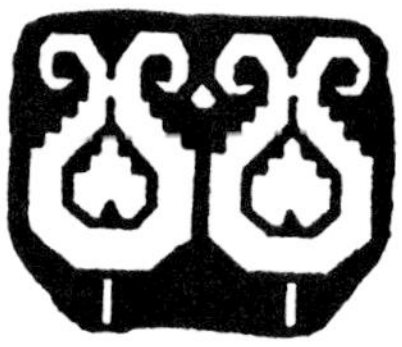

627

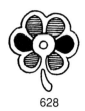

628

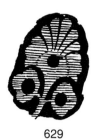

629

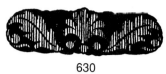

630

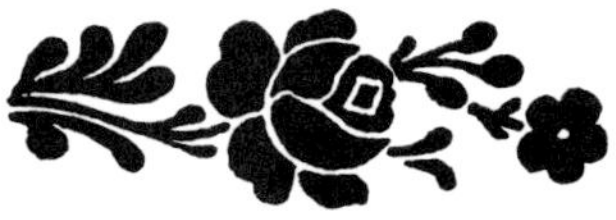

631

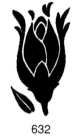

632

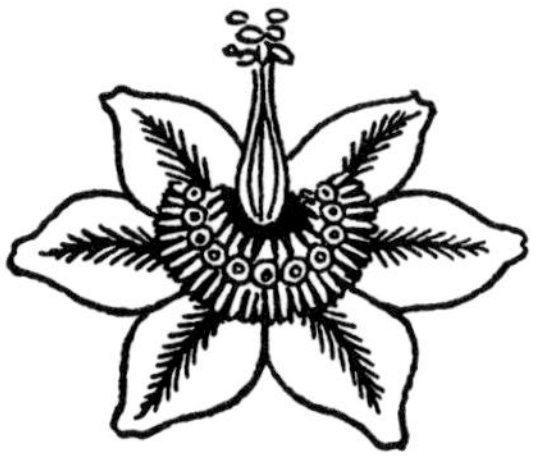

633

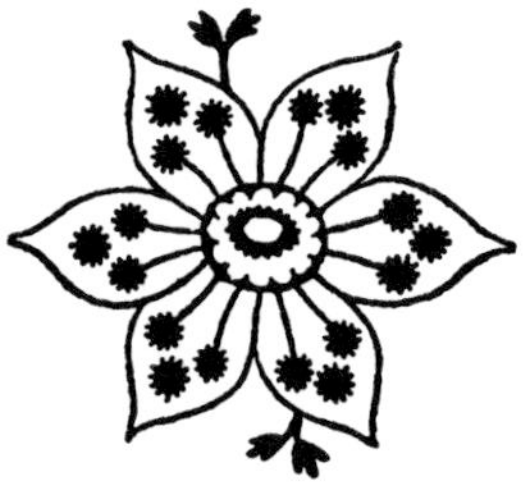

634

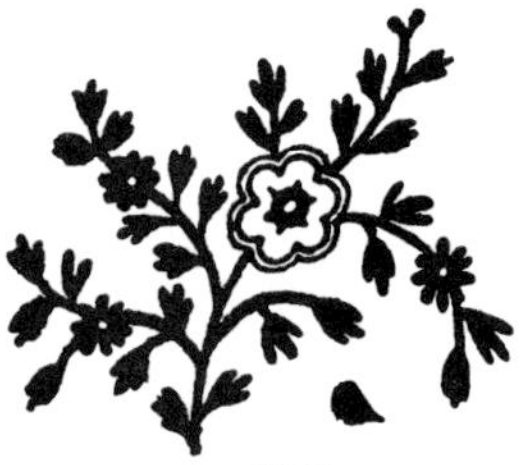

635

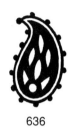

636

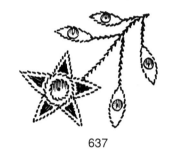

637

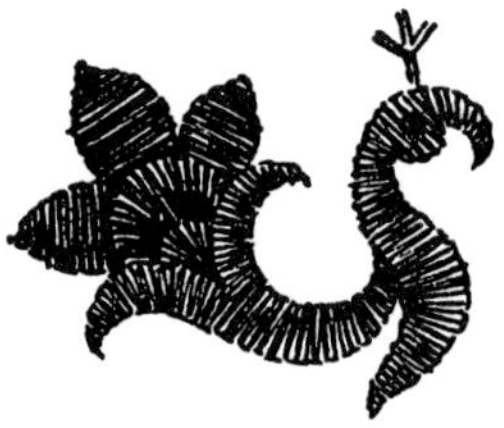

638

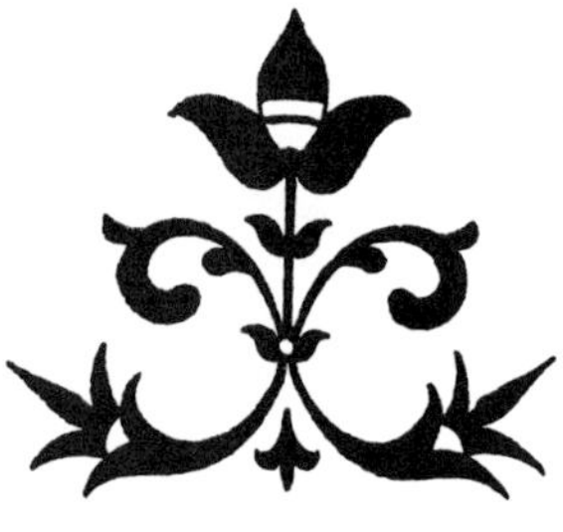

639

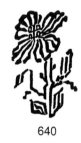

640

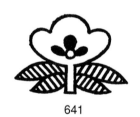

641

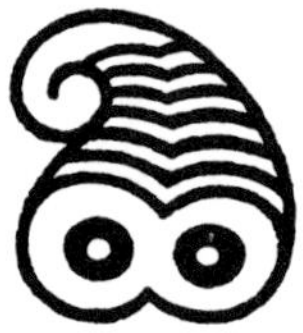

642

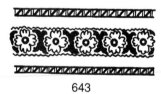

643

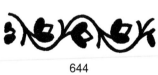

644

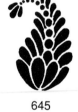

645

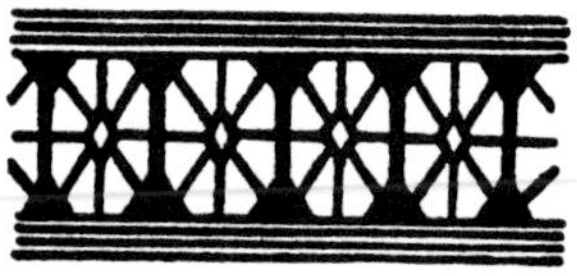

646

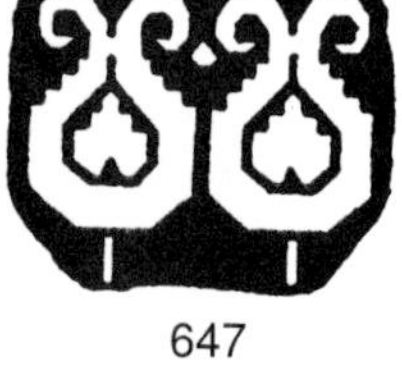

647

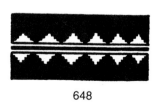

648

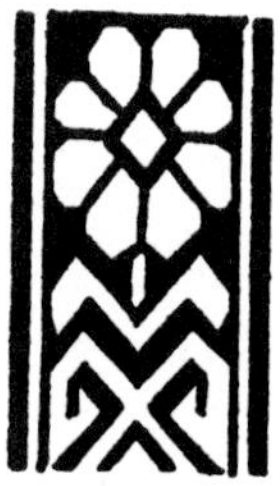

649

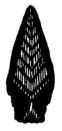

650

26

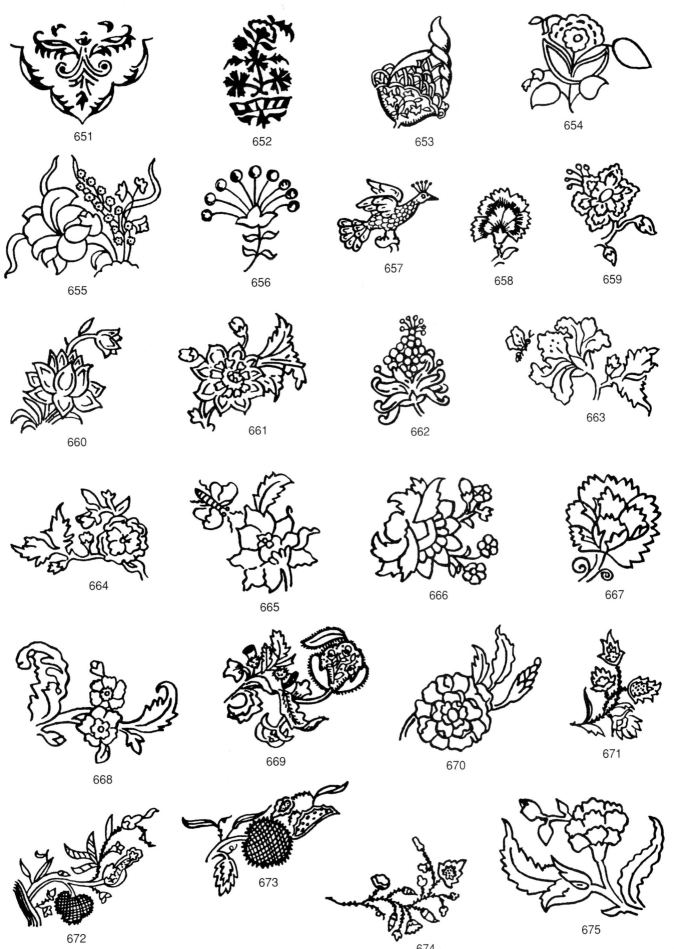

651

652

653

654

655

656

657

658

659

660

661

662

663

664

665

666

667

668

669

670

671

672

673

674

675

27

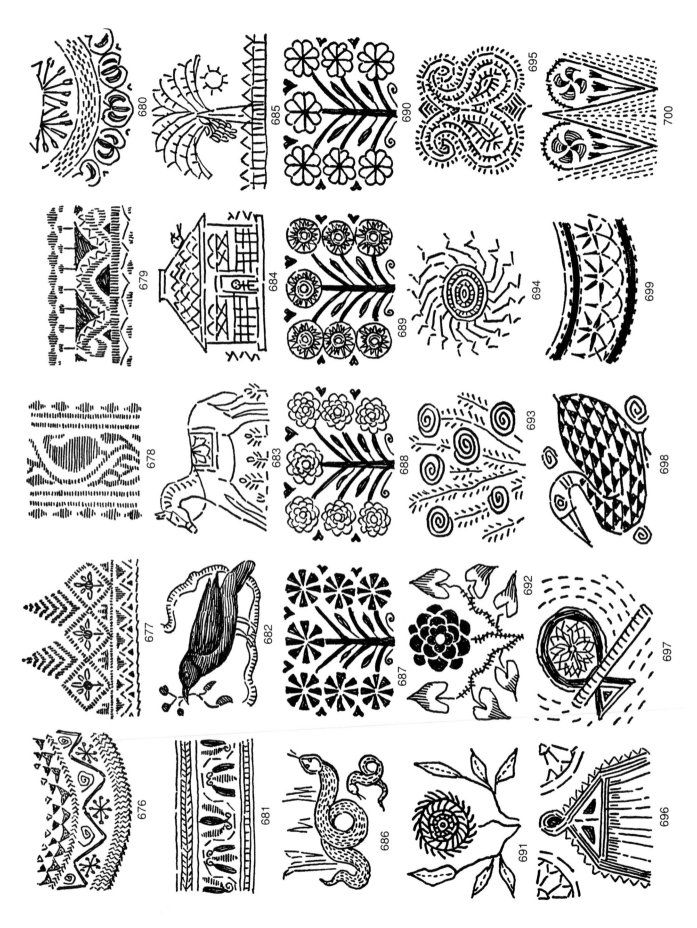

28

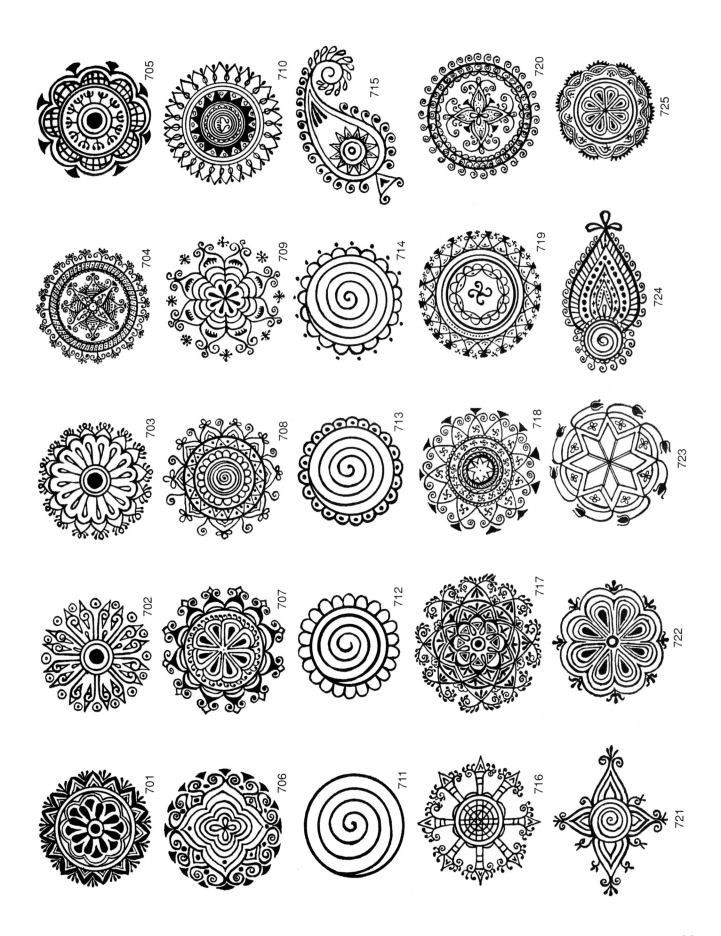

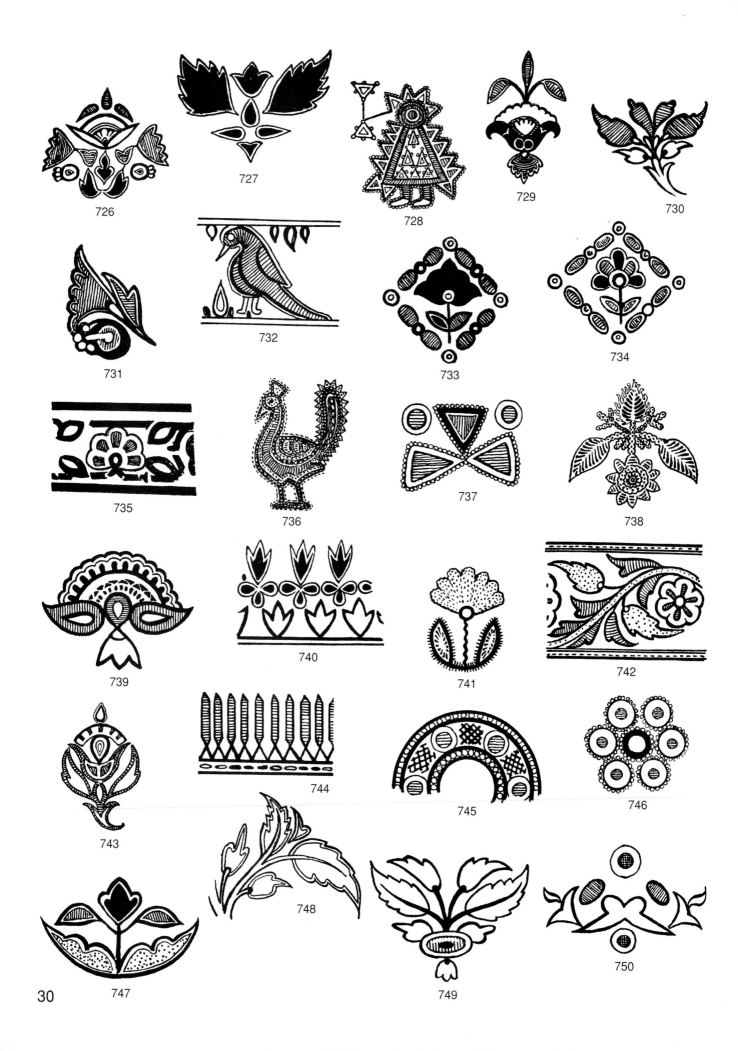

726

727

728

729

730

731

732

733

734

735

736

737

738

739

740

741

742

743

744

745

746

747

748

749

750

751

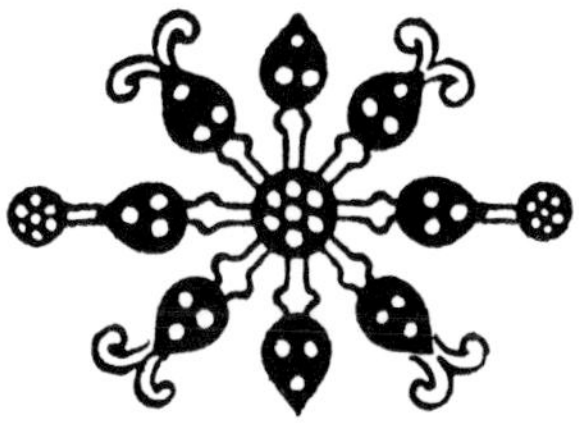

752

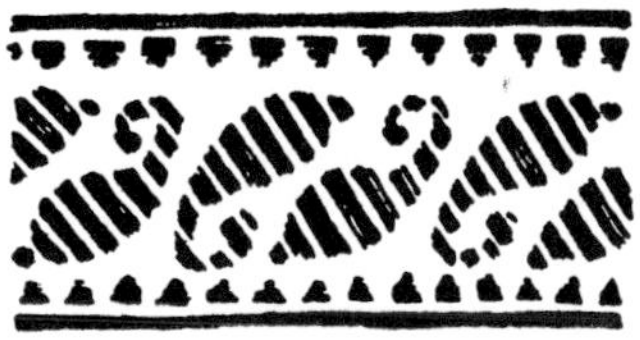

753

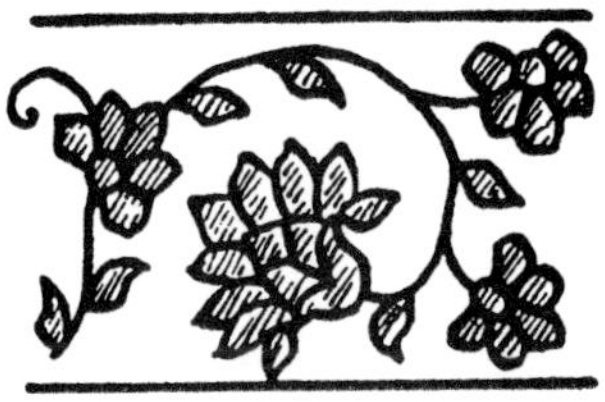

754

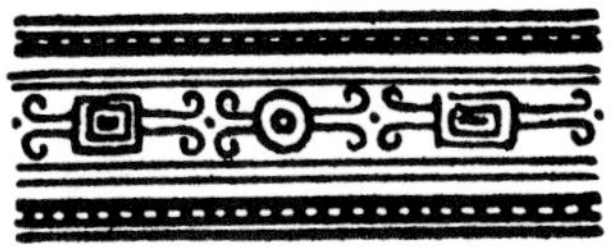

755

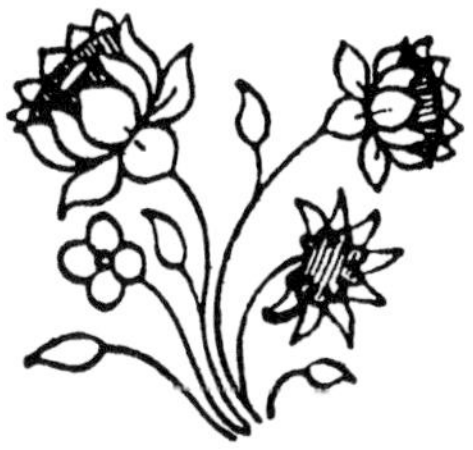

756

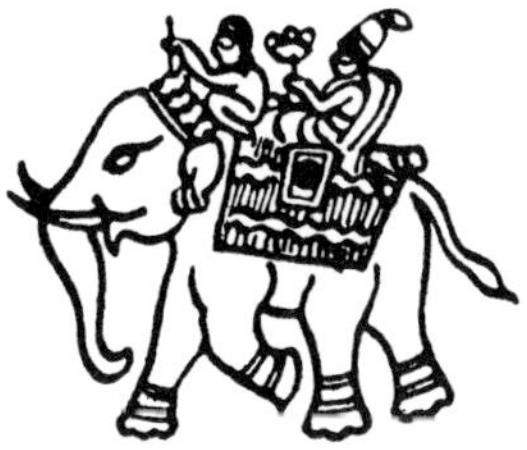

757

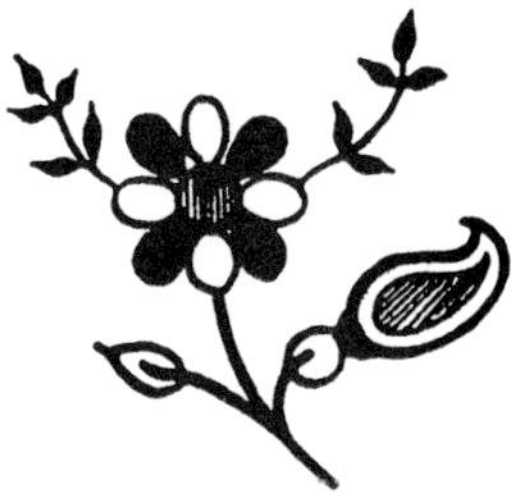

758

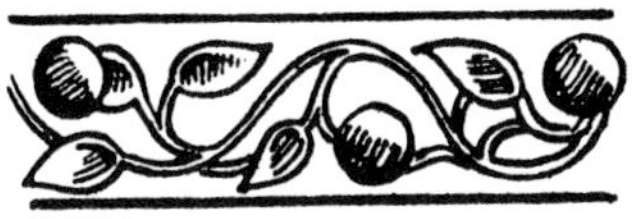

759

760

761

762

763

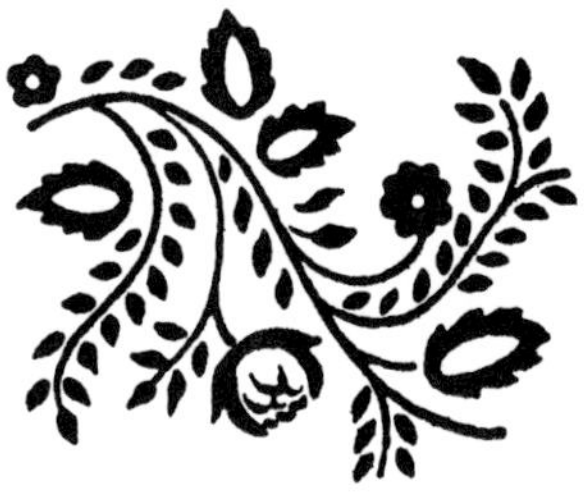

764

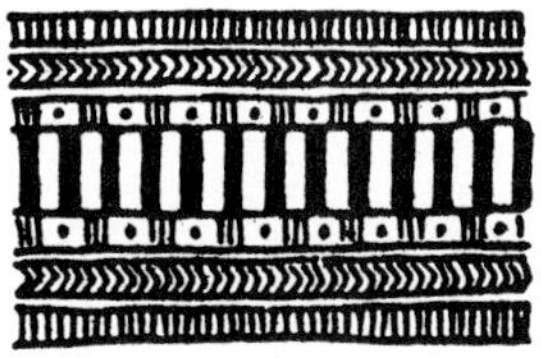

765

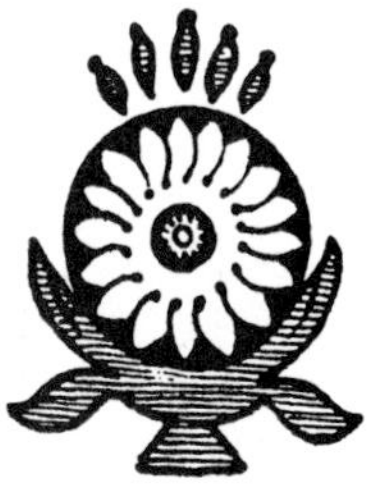

766

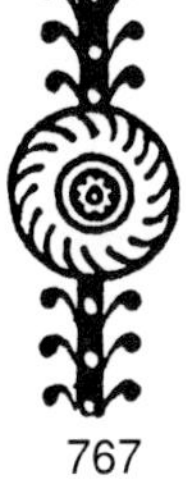

767

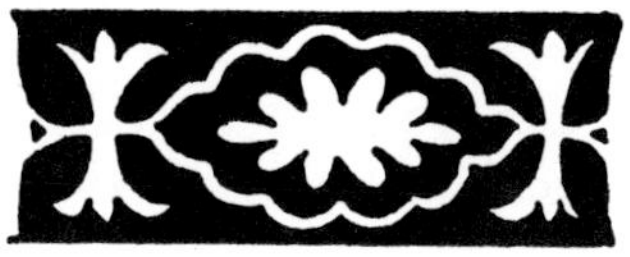

768

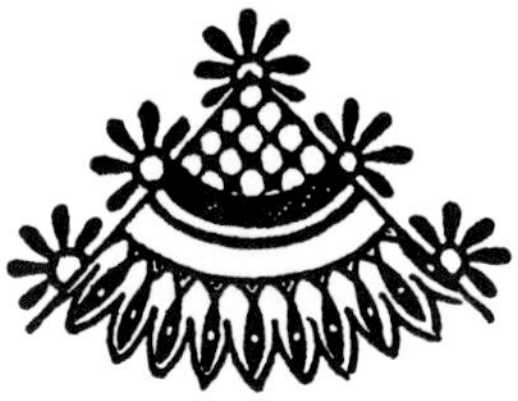

769

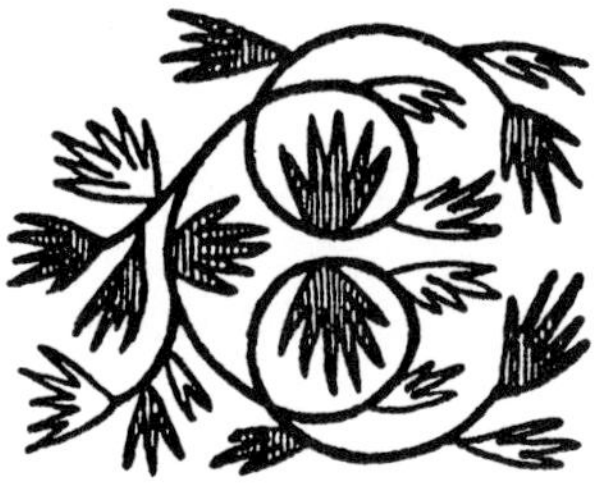

770

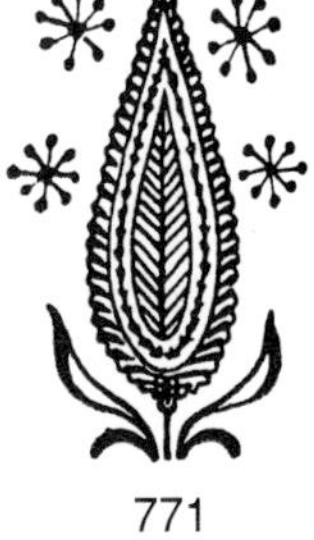

771

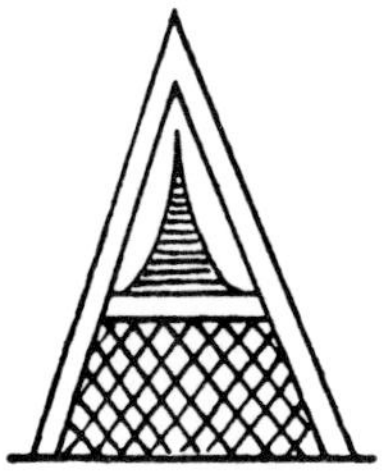

772

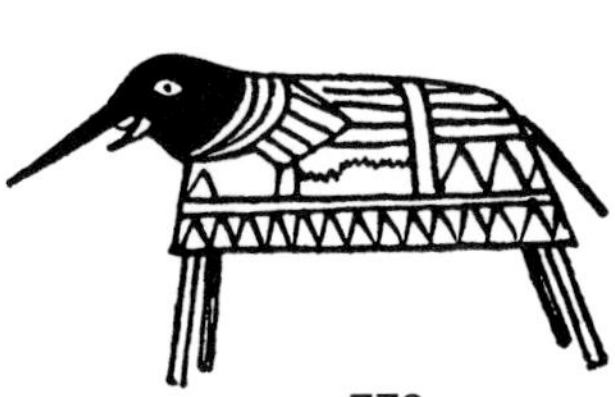

773

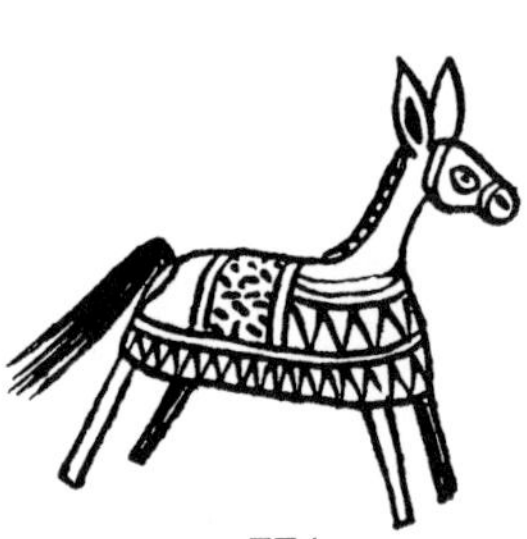

774

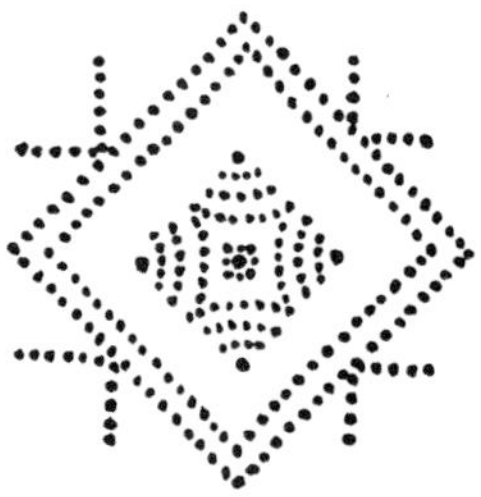

775

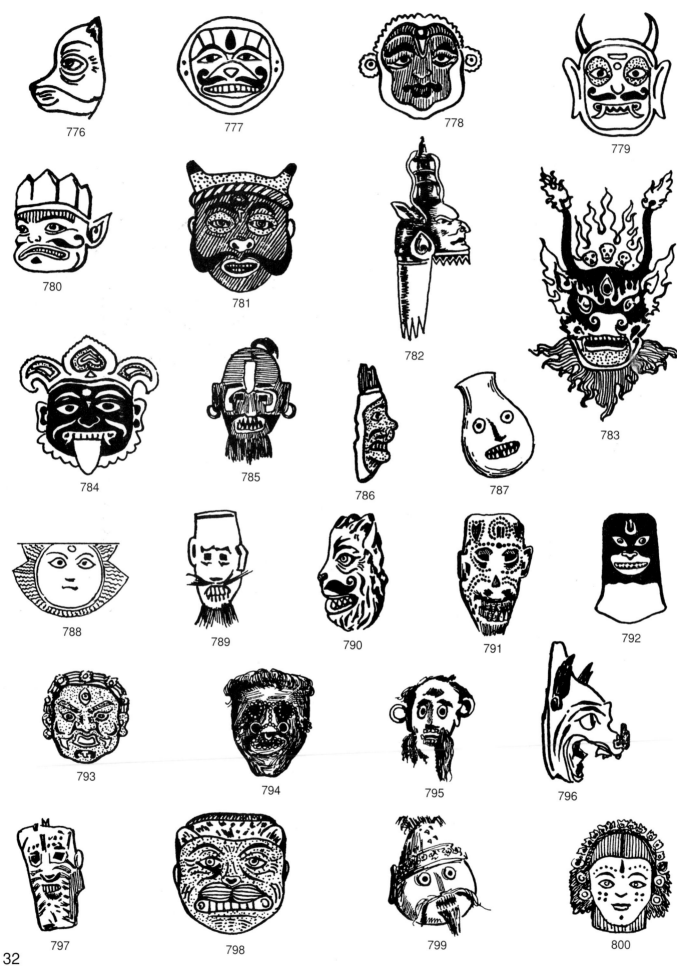

776

777

778

779

780

781

782

783

784

785

786

787

788

789

790

791

792

793

794

795

796

797

798

799

800